NATIONAL
GEOGRAPHIC

La selva

Pat Malone

Una selva es como un edificio de departamentos.
Así como un edificio de departamentos tiene muchos pisos,
una selva tiene muchos niveles.
Diferentes criaturas viven en cada nivel de la selva.

El nivel más bajo es el **suelo de la selva**.
Aquí, las hojas forman un colchón sobre la tierra.
Muchos insectos viven aquí.
Las hormigas buscan comida debajo de las hojas.

suelo de la selva

5

Los tapires caminan entre los árboles,
Remueven las hojas para buscar comida.
Los armadillos corretean por todos lados.

suelo de la selva

El siguiente nivel es el **primer piso**.
Las tarántulas tejen sus telas para atrapar insectos y aves.
Los osos hormigueros usan sus largos hocicos para oler a las hormigas.
Las iguanas cazan moscas.

primer piso

Las grandes serpientes como las boas se enrollan en las ramas.
Los jaguares trepan a las ramas bajas de los árboles y
esperan a que llegue comida.
A veces cazan peces y cocodrilos.

primer piso

10

El siguiente nivel es el **dosel**.

Las guacamayas comen frutos y bayas.

Los perezosos cuelgan de cabeza y mastican hojas.

Los monos araña se columpian en las lianas, persiguiéndose.

dosel

La parte más alta de la selva se llama nivel **emergente**.
Allí arriba viven muchos pájaros.
El águila arpía se posa en la copa de un árbol y vigila.
Está buscando un pájaro o un mono para comer.

emergente

índice